楽しく学べる！

新約聖書おもしろクイズドリル

監修者：辻 学

日本キリスト教団出版局

装幀・本文レイアウト
堅田和子

カバー・本文イラスト
大島史子

はじめに

　私たちは、聖書のことをどのくらい知っているでしょうか。聖書を読むとき私たちは、そこに記されているメッセージや教えの内容に向き合おうとしますが、その内容を作り上げている一つ一つの点は意外と見過ごしているものです。また、同じような箇所が繰り返し読まれるせいで、聖書との関わりがかたよってしまうということもあるでしょう。

　この『新約聖書おもしろクイズドリル』は、新約聖書に関する基本的な事柄はもちろん、やや細かい点や、日頃はあまり注目されていないような点も拾い上げ、クイズ形式で皆さんの「聖書知識」を問うています。一応「初級」「中級」「上級」「無差別級」という区分けをしてありますが、「初級」にもなかなか侮れない問題が出てきます。ましてや「上級」ともなると、トリビア的なクイズも登場し、思わず聖書をめくって確かめてしまうといったことも起こるでしょう。これまで知らなかった事実に出会ったり、思い違いをしていたことに気づいたりもするはずです。

　こっそりと自分のレベルを確かめ、「聖書知識」を仕入れるも良し、教会や学校で力を合わせて解いてみるも良し。楽しみながら聖書に親しむ良いきっかけになれば嬉しく思います。

辻　学

この本<ruby>本<rt>ほん</rt></ruby>について

1、初級<ruby>初級<rt>しょきゅう</rt></ruby>・中級<ruby>中級<rt>ちゅうきゅう</rt></ruby>・上級<ruby>上級<rt>じょうきゅう</rt></ruby>・無差別級<ruby>無差別<rt>む さ べつ</rt></ruby><ruby>級<rt>きゅう</rt></ruby>って？

　それぞれの章には、「初級」「中級」「上級」「無差別級」という
レベルごとにクイズがのっています。

　　「初級」…聖書のことや内容をある程度知っている方に。
　　「中級」…聖書のことや内容を少し詳しく知っている方に。
　　「上級」…聖書のことや内容をかなり詳しく知っている方に。
　　「無差別級」…「初級」～「上級」レベルがミックスされて
　　　おり、かつ聖書を読むだけでは解けないクイズも！

となっています。
　自分にあったレベルから解いてみてください。

2、小テスト・中間テスト・総合テストって？

　第1章と第3章の終わりには「小テスト」が、第2章の終わ
りには「中間テスト」が、第4章の終わりには「総合テスト」が
あります。すべて記述式のクイズです。
　それぞれの問題は、すでにそれまでのクイズの問題や答えに出
てきているものとなっていますので、復習をかねてトライしてく
ださい。

3、□ って？

<small>チェック欄</small>

それぞれのクイズには、□（チェック欄）がついています。

答えあわせをして、解けた問題にはチェックをし、解けなかったクイズに再度チャレンジしてください。

4、こんな使い方もできます！

市販のピンクやオレンジ色のペン＆赤い下敷きやクリアファイルを使えば、何度も繰り返し問題を解くことができます。

あらかじめ解答欄にピンクやオレンジ色のペンで答えを記してから、ページの上に赤い下敷きやクリアファイルを当てると、答えが見えなくなります。

全問正解を目指して、繰り返しチャレンジしてみてください！

85ページから、クイズの答えがのっているよ！　答えあわせしたあと、クイズになっている聖書の箇所もぜひ読んで、確かめてみてね～！

もくじ

第1章　新約聖書の基礎知識

この本の聖句引用や地名・人名は、『聖書 新共同訳』に基づいています。

第4章　使徒言行録～黙示録

答え

第1章

新約聖書の
基礎知識

この章では、
新約聖書の全般的なこと、
登場人物や新約聖書に登場する
職業についても扱います。

新約聖書の基礎知識

初級編

○×クイズ

正解したものにチェックを入れておくと便利です！

チェック欄

□ **Q1.** 新約聖書には、4つの福音書がのっている。

（答　　）

□ **Q2.** 新約聖書の文書は、すべてイエスがひとりで書いた。

（答　　）

□ **Q3.** 新約聖書の福音書には、イエス・キリストの生涯とその教えに関することが主に書かれている。　　（答　　）

□ **Q4.** 「新約聖書」の「新約」は「新しくまとめた」という意味である。　　（答　　）

□ **Q5.** イエスは、石打ちの刑によって処刑された。

（答　　）

□ **Q6.** 「イエス・キリスト」は、「イエス」が名前で「キリスト」が名字である。　　（答　　）

4択クイズ

チェック欄

□ **Q1.** 英語の Good News を日本語に訳すと？　（答　　）
①賛美歌　②福音　③新聞　④朝のニュース

□ **Q2.** 新約聖書正典に含まれる文書の数は？　（答　　）
① 25　② 27　③ 29　④ 31

□ **Q3.** 「愛」を意味するギリシア語は？　（答　　）
①アガペー　②アムール　③カリタス　④ラブ

□ **Q4.** 新約聖書の書簡（パウロの手紙）の最初に置かれている文書は？　（答　　）
①コリントの信徒への手紙一　②テサロニケの信徒への手紙一
③ローマの信徒への手紙　　　④ガラテヤの信徒への手紙

□ **Q5.** イエスが自分の体と血として与えたのは？（マタイ 26 章ほか）
（答　　）
①お米と日本酒　　　②卵と牛乳
③魚とビール　　　　④パンと杯

□ **Q6.** イエスは葬られてから何日目に復活した？　（答　　）
①1日目　②2日目　③3日目　④わからない

11

第1章 新約聖書の基礎知識

穴埋めクイズ

チェック欄

☐ **Q1.** イエスの母マリアの夫の名前は、◯◯◯である。
（マタイ1章ほか）

- -

☐ **Q2.** 「わたしは◯◯◯◯であり、オメガである」。
（黙示録21章ほか）

- -

☐ **Q3.** イエスの時代、神殿があった場所（町の名前）は、◯
◯◯◯◯。

- -

☐ **Q4.** マタイ福音書とルカ福音書の間に置かれているのは、◯
◯◯福音書である。

- -

☐ **Q5.** 「神、我らと共に」を意味するヘブライ語は、◯◯
◯◯◯◯。（マタイ1章）

- -

スペシャルクイズ

チェック欄

□ **新約聖書の文書ではないのはどれ！？**

新約聖書に入っていない文書の名前を下のなかから見つけて書き出してみましょう。

テモテへの手紙

ヨハネの黙示録

ペトロによる福音書

パウロの黙示録

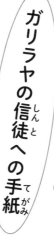

ガリラヤの信徒への手紙

使徒言行録

3つあるよ！

答

　　　　　、　　　　　　　、

新約聖書の基礎知識

中級編

○×クイズ

正解したものにチェックを入れておくと便利です！

チェック欄

☐ **Q1.** 新約聖書は、もともとラテン語で書かれた。

（答　　）

☐ **Q2.** ルカ福音書と使徒言行録は、同じ著者によるものと考えられている。

（答　　）

☐ **Q3.** マタイ福音書、マルコ福音書、ルカ福音書のことを「共感福音書」と言う。

（答　　）

☐ **Q4.** 「イエス」は、ヨシュア（「主は救い」という意味）というヘブライ語名から来ている。

（答　　）

☐ **Q5.** 「信仰・希望・愛」、この中で最も大いなるものは信仰である、とパウロは述べている。（Ⅰコリント13章）（答　　）

☐ **Q6.** パウロの手紙の中には、福音書よりも早く書かれたものがある。

（答　　）

4択クイズ

チェック欄

□ **Q1.** 4つの福音書すべてに記されているのは？ （答　　　）
①生誕物語　②主の祈り　③山上の説教　④受難物語

- -

□ **Q2.** ガラテヤの信徒への手紙やローマの信徒への手紙を書いた人は誰？ （答　　　）
① ヨハネ　②ペトロ　③イエス　④パウロ

- -

□ **Q3.** 英語の名前「ジェームズ」は、どの人のことを指している？ （答　　　）
①ヨハネ　②ヤコブ　③ペトロ　④シメオン

- -

□ **Q4.** 新約聖書に登場しない植物は？ （答　　　）
①ぶどう　②オリーブ　③ざくろ　④いちじく

- -

□ **Q5.** 新約聖書において、ヨハネ黙示録にだけ出てくるフレーズは？（黙示録19章） （答　　　）
①マラナタ　②ハレルヤ　③ホサナ　④アーメン

- -

□ **Q6.** 新約聖書のなかで全体の節数が最も少ない文書は？
（答　　　）
①ユダの手紙　　②フィレモンへの手紙
③ヨハネの手紙二　④ヨハネの手紙三

- -

第1章 ## 新約聖書の基礎知識

中級編

穴埋めクイズ

チェック欄

□ **Q1.** イエスが使っていたアラム語で、「父」「お父さん」を意味する言葉は、◯◯◯。（マルコ 14 章ほか）

- -

□ **Q2.** 新約聖書に登場する天使は、ガブリエルと◯◯◯◯。（黙示録 12 章）

- -

□ **Q3.** 「わたしは、◯◯◯◯と呼ばれるメシアが来られることは知っています」。（ヨハネ 4 章）

- -

□ **Q4.** 「主の兄弟」として紹介される人の名前は、◯◯◯。（ガラテヤ 1 章）

- -

□ **Q5.** イエスの生誕物語がのっている福音書は、ルカ福音書と◯◯◯福音書である。

- -

スペシャルクイズ

新約聖書の登場人物

下のマスのなかには、新約聖書に登場する人の名前が7つ隠されています。それらの名前を○で囲ってみましょう（タテ・ヨコ・下から・右からなどもあります）。

○で囲われなかった文字を組み合わせると、どのような言葉になるでしょうか？

（例）

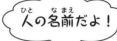
人の名前だよ！

ス	エ	イ	コ	ヘ
テ	オ	フ	ィ	ロ
フ	モ	ニ	ア	デ
ァ	ザ	カ	リ	ア
ノ	タ	ル	マ	デ

答

17

○×クイズ　正解したものにチェックを入れておくと便利です！

チェック欄

☐ **Q1.** イエスを「神の小羊」と表現しているのは、ルカ福音書である。　　　　　　　　　　　　　　　　　　　（答　　）

☐ **Q2.** 多くの律法学者たちは、サドカイ派に属していたとされる。　　　　　　　　　　　　　　　　　　　　　（答　　）

☐ **Q3.** 新約聖書でもっとも短い節（ギリシア語でも日本語でも）は、ルカ福音書にある。　　　　　　　　　　　　　（答　　）

☐ **Q4.** イエスを「マリアの息子」と表現している福音書は、マルコ福音書である。　　　　　　　　　　　　　　　（答　　）

☐ **Q5.** 「バイブル」は、「書物」を意味するギリシア語に由来する言葉である。　　　　　　　　　　　　　　　　（答　　）

☐ **Q6.** 死人の復活を信じなかったユダヤ教のグループ（派）は、ファリサイ派である。（使徒23章）　　　　　　（答　　）

4択クイズ

チェック欄

☐ **Q1.** 「公同書簡」とよばれる文書は全部でいくつある？（答　　　）

①3つ　②5つ　③7つ　④9つ

- -

☐ **Q2.** 「使徒」はギリシア語では何と言われる？　　　　（答　　　）

①アポクリファ　　　②アポストロス

③アデルフォス　　　④アポロン

- -

☐ **Q3.** エルサレム南東部にある丘の名前であり、神殿やエルサレムの都、その民をもさす言葉になったのは？　　　（答　　　）

①ゴルゴタ　②つつじヶ丘　③シオン　④ゲリジム

- -

☐ **Q4.** ガリラヤ湖とほぼ同じ大きさの湖は？　　　　　（答　　　）

①琵琶湖　②霞ヶ浦　③浜名湖　④十和田湖

- -

☐ **Q5.** イエスのころ、エルサレムはどの州（ローマ帝国の属州）にあった？

（答　　　）

①アジア　②マケドニア　③ユダヤ　④シリア

- -

☐ **Q6.** パウロが最初に書いたとされる手紙は？　　　　（答　　　）

①コリントの信徒への手紙一　②テサロニケの信徒への手紙一
③ローマの信徒への手紙　　　④ガラテヤの信徒への手紙

- -

新約聖書の基礎知識

上級編

穴埋めクイズ

チェック欄

☐ **Q1.** イエスの時代に神殿の大改修工事をおこなった王の名前
は、〇〇〇。

- -

☐ **Q2.** パウロがコリントの信徒への手紙一を書いたとされる場所
（地名）は、〇〇〇〇。

- -

☐ **Q3.** パウロがカイサリアに移送されたとき、そこのローマ総
督であったとされる人の名前は、〇〇〇〇〇。
（使徒 23 章）

- -

☐ **Q4.** パウロは「〇〇〇〇〇のもとで先祖の律法に
ついて厳しい教育を受け」た。（使徒 22 章）

- -

☐ **Q5.** テサロニケは、ローマ帝国の属州である〇〇〇
〇〇州の州都であった。

- -

スペシャルクイズ

チェック欄

新約聖書の文書が書かれた順序は?

以下にある新約聖書の文書は、それぞれいつごろ書かれたものか
を考えつつ、A から E を執筆された順番に並べてみましょう。

A　ローマの信徒への手紙

B　ルカによる福音書

C　テサロニケの信徒への手紙一

D　ペトロの手紙二

E　フィレモンへの手紙

わかるかな〜?

> 答
>
> →　　　→　　　→　　　→

第1章 新約聖書の基礎知識

無差別級編

〇×クイズ 正解したものにチェックを入れておくと便利です！

チェック欄

☐ **Q1.** 「新約聖書」は英語では New Testament と言われる。

（答　　）

☐ **Q2.** プロテスタント諸教会やローマ・カトリックで用いられる新約聖書、そして日本正教会やロシア正教会で用いられる新約聖書も、文書の順序は同じである。（答　　）

☐ **Q3.** 「ペトロ行伝」「ユダの福音書」といった文書を、「新約聖書外典」と言う。（答　　）

☐ **Q4.** 「豚に真珠」「目からうろこ」は、実は新約聖書に由来する言葉である。（答　　）

☐ **Q5.** ガリラヤ湖は、海より下（海抜下）にある。

（答　　）

☐ **Q6.** パウロが滞在したエフェソは、現在ギリシア共和国の領土となっている。（答　　）

4択クイズ

チェック欄

☐ **Q1.** マタイ福音書とルカ福音書が用いたとされる資料は、一般に何と呼ばれている？ （答　　　）
①Ｅ資料　②Ｊ資料　③Ｐ資料　④Ｑ資料

☐ **Q2.** 「テモテへの手紙」と「テトスへの手紙」はあわせて何とよばれる？ （答　　　）
①兄弟書簡　②礼拝書簡　③牧会書簡　④往復書簡

☐ **Q3.** イエスが処刑されたときにエルサレムでおこなわれていた祭りは？ （答　　　）
①過越祭　②仮庵祭　③五旬祭　④時代祭

☐ **Q4.** イエスに「主よ、どこへ行かれるのですか」（ラテン語の聖書では「Domine Quo Vadis」）と尋ねた弟子は？ （答　　　）
①ヨハネ　②ペトロ　③アンデレ　④ヤコブ

☐ **Q5.** ユダヤ教の安息日は何曜日？ （答　　　）
①金曜日　②土曜日　③日曜日　④月曜日

☐ **Q6.** エルサレムとナザレは、直線距離でどれぐらい離れている？ （答　　　）
①大阪ー広島間　②金沢ー新潟間
③東京ー前橋間　④札幌ー函館間

答えも直線距離だよ！

23

新約聖書の基礎知識

無差別級編

穴埋めクイズ

チェック欄

☐ **Q1.** 聖書に登場する、ヘブライ語で「パンの家」という意味である場所（地名）は、◯◯◯◯◯。

☐ **Q2.** テサロニケの信徒への手紙一の冒頭で、パウロ、テモテとともに名前が記されているのは、◯◯◯◯。

☐ **Q3.** 最高法院は、ヘブライ語では◯◯◯◯◯◯と呼ばれる。

☐ **Q4.** 「霊」や「息吹き」を意味するギリシア語は、◯◯◯◯。

☐ **Q5.** イエスが5000人の人々に食べ物を与えるときに用いたのは、◯（＊数字）つのパンと2匹の魚。（マタイ14章ほか）

スペシャルクイズ

チェック欄

聖書に登場する職業

聖書には、さまざまな職業が登場します。説明と職業が合うように、数字とアルファベットを線でつなぎましょう。

ローマ帝国から、その属州であるユダヤに派遣された人。大きな事件のときには裁判官の役割も果たした。　①

A　律法学者

宗教的・政治的指導者。年に一度、ただひとり神殿の至聖所に入ることが許されていた。　②

B　ユダヤ総督

律法（トーラー）を解釈する人々。その多くはファリサイ派に属していた。　③

C　徴税人

ローマに納める税金を、人々から集めていた人たち。イエスの弟子のなかにもいた。　④

D　大祭司

テスト

小テスト

チェック欄

☐ **Q1.** ユダヤ教の安息日は何曜日？

（答　　　　　　　　　　　　　　　　）

☐ **Q2.** 死者の復活を信じなかったユダヤ教のグループ（派）は？

（答　　　　　　　　　　　　　　　　）

☐ **Q3.** イエスは葬られてから何日目に復活した？

（答　　　　　　　　　　　　　　　　）

☐ **Q4.** パウロが最初に書いたとされる手紙は？

（答　　　　　　　　　　　　　　　　）

☐ **Q5.** 「父」「お父さん」を意味するアラム語は？

（答　　　　　　　　　　　　　　　　）

第2章

福音書①

この章では、マタイによる福音書、マルコによる福音書、ルカによる福音書、ヨハネによる福音書について扱います。

福音書①

○×クイズ

正解したものにチェックを入れておくと便利です！

チェック欄

☐ **Q1.** マタイ福音書では、マリアが身ごもっていることをヨセフは夢によって知ったと記される。（マタイ1章）（**答** ）

☐ **Q2.** 洗礼者ヨハネが洗礼を授けていた場所は、ガリラヤ湖である。（マタイ3章）（**答** ）

☐ **Q3.** 姉妹であったマルタとマリア。せわしく立ち働いていたのは、マリアである。（ルカ10章）（**答** ）

☐ **Q4.** イエスのことを「知らない（分からない）」と3度言ったのはペトロである。（マタイ26章ほか）（**答** ）

☐ **Q5.** 「この手をそのわき腹に入れてみなければ、わたしは決して信じない」と言ったのは、トマスである。（ヨハネ20章）（**答** ）

☐ **Q6.** イエスの遺体を引き取りたいとピラトに願いでたのは、アリマタヤ出身の議員、ヨセフである。（マルコ15章ほか）（**答** ）

4択クイズ

Q1. イエスが生まれたあと、2歳以下の男の子を皆殺しにするよう命じたとされる王の名前は？（マタイ2章）（答　　　）

①アウグストゥス　②ヘロデ　③ピラト　④ソロモン

Q2. イエスを拝みにきた東方の学者たちがささげなかったものは？（答　　　）

①没薬　②冠　③乳香　④黄金

Q3. イエスが育った場所は？（ルカ2章）（答　　　）

①ナザレ　②ベツレヘム　③エルサレム　④ギリシア

Q4. 「善いサマリア人」の話で、半殺しにされた「ある人」の前を最初に通ったのは誰？（答　　　）

①サマリア人　②レビ人　③徴税人　④祭司

Q5. エルサレムに入城するイエスに向かって人々が叫んだ言葉は？（マタイ21章ほか）（答　　　）

①ハレルヤ　②アーメン　③ホサナ　④マラナタ

Q6. イエスを祭司長や律法学者たちに引き渡した弟子の名前は？（マルコ14章ほか）（答　　　）

①ペトロ　②トマス　③テモテ　④ユダ

第2章 福音書①

第3章 福音書②

第4章 使徒言行録〜黙示録

答え

29

福音書①

初級編

穴埋めクイズ

チェック欄

☐ **Q1.** 「あなたがたは〇の塩である。あなたがたは世の光である」。（マタイ5章）

☐ **Q2.** イエスの変容のときに現われたのは、モーセと〇〇〇。（マルコ9章ほか）

☐ **Q3.** 洗礼者ヨハネの父親の名前は、〇〇〇〇。（ルカ1章）

☐ **Q4.** 共観福音書（マタイ、マルコ、ルカ）によれば、イエスは〇〇人（＊数字）を使徒とした。（マタイ10章ほか）

☐ **Q5.** イエスの十字架にかけられていた罪状書きに書かれていた言葉は「〇〇〇〇人の王」。（マタイ27章ほか）

スペシャルクイズ

チェック欄
□

系図に登場する名前パズル

マタイ福音書の最初には、長〜い系図がのっています。その系図を見て名前を確かめながら、下のパズルの□にふさわしい文字を書き入れ、名前のパズルを完成させましょう。

（例）

```
        ↑
        タ
        ル
← ア リ [マ] タ イ →
        ル
        コ
        ↓
```

①

```
      ド
      ウ
      ビ
ム ラ [ ] サ
      ビ
      ャ
```

②

```
          イ
          サ
          ッ
ヤ ン コ [ ] リ ア キ ム
          リ
          ウ
          ド
```

③

```
              ム
              タ
              シ
ト ァ フ ャ シ [ ] ラ ム
              シ
              ャ
```

31

福音書①

○×クイズ

正解したものにチェックを入れておくと便利です！

チェック欄

☐ **Q1.** マタイ福音書では、イエスはエルサレムで生まれたことになっている。（マタイ2章） （答　　）

☐ **Q2.** イエスが十字架にかけられているとき、大祭司の家の垂れ幕が真ん中から裂けた。（マタイ27章ほか） （答　　）

☐ **Q3.** イエスが王座につくときに自分の息子たちをその両隣の座につけてほしい、と願ったのは、ペトロとアンデレの母親である。（マタイ20章） （答　　）

☐ **Q4.** 十字架から降ろされたイエスの遺体は、絹の布によってつつまれ、墓に葬られた。（マタイ27章ほか） （答　　）

☐ **Q5.** イエスが弟子にしたレビは、徴税人であった。（ルカ5章ほか） （答　　）

☐ **Q6.** 復活したイエスが7人の弟子に現われ、舟から網をうつように命じた場所は、死海である。（ヨハネ21章）（答　　）

4択クイズ

チェック欄

☐ **Q1.** ビートルズの曲名にもなっている「Let It Be」は、どの箇所に出てくる言葉？（答　　　）
　①マタイ福音書6章34節　②ルカ福音書1章38節
　③ルカ福音書12章22節　④ヨハネ福音書6章20節

☐ **Q2.** イエスは、誰を招くために私は来た、と言った？（マタイ9章ほか）（答　　　）
　①正しい人　②迷える羊　③罪人　④病人

☐ **Q3.** 終末の徴として、イエスが挙げていないものはどれ？（ルカ21章）（答　　　）
　①地震　②疫病　③飢饉　④日食

☐ **Q4.** 「ラビ」とは、どういう意味の言葉？（ヨハネ1章）（答　　　）
　①親　②兄弟　③先生　④友だち

☐ **Q5.** この世でも後の世でも赦されることがないとされるのは、何に言い逆らう者？（マタイ12章ほか）（答　　　）
　①人の子　②聖霊　③御言葉　④父なる神

☐ **Q6.** マルタとマリア、ラザロが住んでいたのはどこ？（ヨハネ11章）（答　　　）
　①エリコ　②バビロン　③ベタニア　④ナザレ

福音書①

穴埋めクイズ

チェック欄

□ **Q1.** ルカ福音書が献呈された人の名前は、◯◯◯◯◯。（ルカ1章）

□ **Q2.** 「主の祈り」がのっているのは、ルカ福音書と◯◯福音書。

□ **Q3.** 「5羽の雀が2◯◯◯◯◯で売られているではないか。だが、その1羽さえ、神がお忘れになるようなことはない」。（ルカ12章）

□ **Q4.** ルカ福音書で、悪霊の頭とされているものの名前は、◯◯◯◯◯◯。（ルカ11章）

□ **Q5.** イエスが逮捕されるとき、ペトロによって右耳を切り落とされた人の名前は、◯◯◯◯。（ヨハネ18章）

スペシャルクイズ

チェック欄
☐

イエスが生きたところ

福音書<small>ふくいんしょ</small>には、イエスが生<small>い</small>きた場所<small>ばしょ</small>、川<small>かわ</small>、湖<small>みずうみ</small>が登場<small>とうじょう</small>します。①〜④に、それぞれふさわしい名前<small>なまえ</small>を書<small>か</small>き入<small>い</small>れてみましょう。

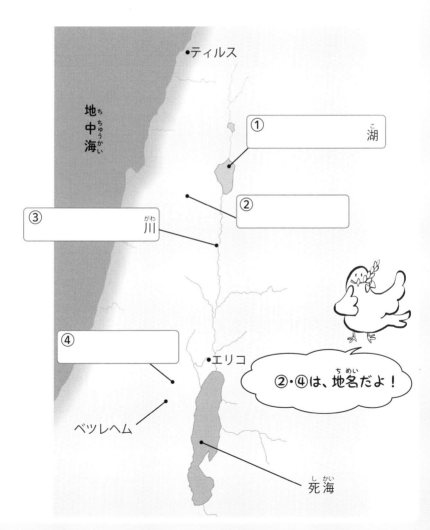

②・④は、地名<small>ちめい</small>だよ！

福音書①

○×クイズ

正解したものにチェックを入れておくと便利です!

チェック欄

☐ **Q1.** マタイ福音書の系図によれば、アブラハムからイエスまでは計 40 代である。(マタイ 1 章)　　　(答　　)

☐ **Q2.** マタイ福音書とルカ福音書では、イエスの父であるヨセフの父親の名前が違う。(マタイ 1 章、ルカ 3 章)　　(答　　)

☐ **Q3.** ルカ福音書において、イエスに 7 つの悪霊を追い出してもらった女性は、ヨハナである。(ルカ 8 章)　　(答　　)

☐ **Q4.** エルサレムで神殿奉献記念祭がおこなわれた季節は、冬であった。(ヨハネ 10 章)　　　　　　　　(答　　)

☐ **Q5.** ヨハネ福音書によれば、「シロアム」とは「平和(シャローム)な者」という意味である。(ヨハネ 9 章)　(答　　)

☐ **Q6.** ラザロが死んだと聞いたイエスがその元に向かおうとしたとき、「わたしたちも行って、一緒に死のうではないか」と言った弟子は、ペトロである。(ヨハネ 11 章)(答　　)

4択クイズ

チェック欄

Q1. 共観福音書において、イエスが最初に弟子にした人に含まれるのは？（マタイ4章ほか）　（答　　　）

①マタイ　②ユダ　③トマス　④（ゼベダイの子）ヨハネ

Q2. 「ムナ」のたとえにおいて、主人が10人の僕に渡した額は？（ルカ19章）　（答　　　）

①5ムナ　②10ムナ　③15ムナ　④20ムナ

Q3. 4000人に食べ物を与えたとき、最初にあったパンの数は？（マタイ15章、マルコ8章）　（答　　　）

①3つ　②5つ　③7つ　④9つ

Q4. イエスによれば、兄弟に「ばか」と言う者はどうなる？（マタイ5章）　（答　　　）

①裁きをうける　　②剣でつらぬかれる
③地獄に投げ込まれる　④最高法院に引き渡される

Q5. ローマの銀貨「デナリオン」と等価の通貨は？（答　　　）

①ドラクメ　②タラントン　③レプトン　④アサリオン

Q6. イエスが、自分が行くつもりの町や村に72人を任命して遣わしたとき、何人ずつ派遣した？（ルカ10章）（答　　　）

①ふたりずつ　②3人ずつ　③4人ずつ　④5人ずつ

第1章 新約聖書の基礎知識

第2章 福音書①

第3章 福音書②

第4章 使徒言行録〜黙示録

答え

福音書①

穴埋めクイズ

チェック欄

☐ **Q1.** ルカ福音書によれば、洗礼者ヨハネが教えを伝えはじめた ときのローマ皇帝の名前は、〇〇〇〇〇〇〇。 （ルカ3章）

☐ **Q2.** ある夜、イエスを訪ねてきた、ファリサイ派の議員の名前 は、〇〇〇〇。（ヨハネ3章）

☐ **Q3.** ゼベダイの子ヤコブとヤコブの兄弟ヨハネにつけられたニ ックネームは、〇〇〇〇〇〇。（マルコ3 章）

☐ **Q4.** イエスが未亡人（やもめ）の女性の息子を生き返らせると いう奇跡をおこなった場所は、〇〇〇である。（ル カ7章）

☐ **Q5.** 「されこうべの場所」を意味する、イエスが十字架につけ られたところは、〇〇〇〇と言われる。（ヨハネ 19章ほか）

スペシャルクイズ

チェック欄

☐

奇跡の内容とおこなわれた場所

福音書にはイエスがおこなった奇跡が多く描かれています。奇跡の内容とそれがおこなわれた場所が合うように、数字とアルファベットを線でつなぎましょう。

水をぶどう酒にかえる
（ヨハネ2章）　　　　　①　　　　A　ガリラヤ湖

嵐をしずめる
（マタイ8章ほか）　　　②　　　　B　ベトサイダ

盲人の目に唾をつけ、目を見
えるようにする
（マルコ8章）　　　　　③　　　　C　カナ

ベトザタの池で、38年間 病
気で苦しんでいた人をいやす
（ヨハネ5章）　　　　　④　　　　D　エルサレム

第1章 新約聖書の基礎知識

第2章 福音書①

第3章 福音書②

第4章 使徒言行録〜黙示録

答え

39

福音書①

○×クイズ

正解したものにチェックを入れておくと便利です！

チェック欄

□ **Q1.** ヨハネ福音書には、最後の晩餐の場面が出てこない。

（答　　）

□ **Q2.** トルストイの小説のタイトルとなっている『光あるうち光の中を歩め』は、ルカ福音書の言葉から取られている。

（答　　）

□ **Q3.** ヨハネ福音書によれば、アンデレは洗礼者ヨハネの弟子であった。（ヨハネ1章）

（答　　）

□ **Q4.** 「週の初めの日」とは、月曜日のことである。（マルコ16章ほか）

（答　　）

□ **Q5.** イエスによれば、復活の時には天使のようになる。（マタイ22章ほか）

（答　　）

□ **Q6.** イエスの墓に最初に赴いた人はマグダラのマリアただひとりであったと記すのは、ルカ福音書である。

（答　　）

4択クイズ

チェック欄

□ **Q1.** 洗礼者ヨハネの母親の名前は？（ルカ1章）　（答　　）

①マリア　③アンナ　③エリサベト　④ヨハンナ

□ **Q2.** 5000人に食べ物を与えたとき、すべての人が満腹したあとに残ったパン屑を集めると、何籠あった？（ルカ9章ほか）　（答　　）

①5籠　②7籠　③10籠　④12籠

□ **Q3.** 婚礼がおこなわれた「カナ」はどの地域の町？（答　　）

①ユダヤ　②ガリラヤ　③サマリア　④シリア

□ **Q4.** 貧しいやもめが賽銭箱に入れたのは？（マルコ12章）

（答　　）

①シェケル銀貨2枚　②レプトン銅貨2枚

③リプトン銀貨2枚　④アサリオン銅貨2枚

□ **Q5.** 「タラントンの教え」の「タラントン」は、どの言葉の語源になった？　（答　　）

①レント　②タレント　③アイドル　④タルト

□ **Q6.** 「人にしてもらいたいと思うことを、人にもしなさい」という教えは、何と言われる？（ルカ6章ほか）（答　　）

①黄金律　②五言律　③道徳律　④平均律

第2章

福音書①

無差別級編

穴埋めクイズ

チェック欄

Q1. マタイ福音書の系図によれば、イエスの父であるヨセフの父親の名前は、◯◯◯である。（マタイ1章）

Q2. メシアに会うまでは決して死なないとのお告げを聖霊から受けていた人の名前は、◯◯◯◯。（ルカ2章）

Q3. ヘロデの妻で、彼の兄弟フィリポの妻でもあったとされる女性の名前は、◯◯◯◯◯。（マルコ6章）

Q4. 「わたしはまことの◯◯◯の木、わたしの父は農夫である」。（ヨハネ15章）

Q5. イエスが兵士や祭司長たちに逮捕された場所は、ヨハネ福音書においては◯◯◯◯の谷の向こうにある園ということになっている。（ヨハネ18章）

スペシャルクイズ

何の動物かな？？？

福音書には、いろいろな動物が登場します。それぞれの動物とそれが登場する場面や説明が合うように、線でつなぎましょう。

らくだ ● A 霊が降ってくるさまにたとえられた

牛 ● B 汚れた霊と共に湖になだれこんだ

犬 ● C 神殿境内でイエスが羊と共に追い出した

鳩 ● D 洗礼者ヨハネは、その毛衣を着ていた

豚 ● E 神聖なものを与えてはならないとされた

中間テスト

チェック欄

☐ **Q1.** 新約聖書正典に含まれる文書の数は？

(答　　　　　　　　　　　　　　　　)

☐ **Q2.** イエスの生誕物語がのっている福音書は、ルカ福音書と何福音書？

(答　　　　　　　　　　　　　　　　)

☐ **Q3.** 新約聖書に登場する、霞ヶ浦とほぼ同じ面積の湖は？

(答　　　　　　　　　　　　　　　　)

☐ **Q4.** 「神、我らと共に」を意味するヘブライ語は？

(答　　　　　　　　　　　　　　　　)

☐ **Q5.** イエスの時代に神殿の大改修をおこなった王の名前は？

(答　　　　　　　　　　　　　　　　)

□ **Q6.** 「イエス」という名前(なまえ)は、どういう意味(いみ)の名前(なまえ)?

（答(こたえ)　　　　　　　　　　　　　　　）

□ **Q7.** イエスが処刑(しょけい)されたときにエルサレムでおこなわれていた祭(まつ)りは？

（答(こたえ)　　　　　　　　　　　　　　　）

□ **Q8.** 最後(さいご)の晩餐(ばんさん)の場面(ばめん)が描(えが)かれていない福音書(ふくいんしょ)は？

（答(こたえ)　　　　　　　　　　　　　　　）

□ **Q9.** ある夜(よる)にイエスを訪(たず)ねてきたファリサイ派(は)の議員(ぎいん)の名前(なまえ)は？

（答(こたえ)　　　　　　　　　　　　　　　）

□ **Q10.** 新約聖書(しんやくせいしょ)にのっている福音書(ふくいんしょ)の数(かず)は？

（答(こたえ)　　　　　　　　　　　　　　　）

どれぐらい
解けたかな～？

チェック欄

☐ **Q11.** 律法学者の多くが属していた、ユダヤ教のグループ（派）
は？

(答　　　　　　　　　　　　　　　　　)

☐ **Q12.** イエスが育った場所は？

(答　　　　　　　　　　　　　　　　　)

☐ **Q13.** マルタとマリア、ラザロが住んでいた場所は？

(答　　　　　　　　　　　　　　　　　)

☐ **Q14.** 洗礼者ヨハネの母親の名前は？

(答　　　　　　　　　　　　　　　　　)

☐ **Q15.** 「されこうべの場所」を意味する、イエスが十字架につけ
られた場所の名前は？

(答　　　　　　　　　　　　　　　　　)

第3章

福音書②

この章では、マタイによる福音書、マルコによる福音書、ルカによる福音書、ヨハネによる福音書について扱います。

福音書②

○×クイズ

正解したものにチェックを入れておくと便利です！

チェック欄

☐ **Q1.** イエスに洗礼を授けたのは、使徒ヨハネである。（マタイ 3章ほか） （答　　　）

☐ **Q2.** ルカ福音書において、イエスの誕生が最初に告げ知らされたのは、羊飼いである。（ルカ 2章） （答　　　）

☐ **Q3.** 「放蕩息子のたとえ」で、放蕩の限りをつくした息子は兄である。（ルカ 15章） （答　　　）

☐ **Q4.** 「10人のおとめのたとえ」において、賢いおとめたちが用意していたのは油である。（マタイ 25章） （答　　　）

☐ **Q5.** ルカ福音書によれば、イエスは 25歳ごろに宣教（伝道）を始めた。（ルカ 3章） （答　　　）

☐ **Q6.** 十字架上のイエスに飲ませるために差し出されたのは、「酸いぶどう酒」であった。（マタイ 27章ほか） （答　　　）

4択クイズ

チェック欄

☐ **Q1.** やがて生まれてくる子どもに名づけるよう、天使がヨセフに言った名前は？（マタイ1章）（答　　）

①エゼキエル　②ザビエル　③インマヌエル　④イエス

☐ **Q2.** イエスが生まれたあと、主の天使がヨセフに逃げるように命じた場所は？（マタイ2章）（答　　）

①バビロン　②ナザレ　③エルサレム　④エジプト

☐ **Q3.** イエスが宣教（伝道）を始めた場所はどこ？（マタイ4章ほか）（答　　）

①ガリラヤ　②ローマ　③エルサレム　④ギリシア

☐ **Q4.** 東方の学者たちをイエスのところまで導いたのは？（マタイ2章）（答　　）

①地図　②羊飼い　③星　④ラジオニュース

☐ **Q5.** ぶどう園の主人が労働者に払うと約束した、一日の賃金は？（マタイ20章）（答　　）

①1タラントン　②1デナリオン　③1ドル　④1シェケル

☐ **Q6.** ペトロと共にイエスの弟子になった、ペトロの兄弟の名前は？（マタイ4章ほか）（答　　）

①ヨハネ　②アンデレ　③ヨセフ　④ヤコブ

福音書②

初級編

穴埋めクイズ

チェック欄

☐ **Q1.** マリアがやがて身ごもることを彼女に告げた天使の名前は、〇〇〇〇〇。(ルカ1章)

- -

☐ **Q2.** 「天におられるわたしたちの父よ、〇〇が崇められますように」。(マタイ6章)

- -

☐ **Q3.** 12歳になったイエスが、過越祭のときにヨセフとマリアと共に向かった場所(町の名前)は、〇〇〇〇〇。(ルカ2章)

- -

☐ **Q4.** イエスが十字架にかかったときにユダヤ総督であった人の名前は、〇〇〇。(マタイ27章ほか)

- -

☐ **Q5.** イエスが、生まれつきの盲人に行くようにと言った場所は、「〇〇〇〇の池」である。(ヨハネ9章)

スペシャルクイズ

チェック欄

☐

十二弟子の名前を探そう！

下のなかから、イエスの十二弟子の名前を見つけて書き出してみましょう。

アウグスティヌス

アンデレ

トマス

ザアカイ

バルトロマイ

パウロ

フェリクス

アブラハム

サムエル

3人いるよ！

答
　　　　　　　、　　　　　　　、

福音書②

○×クイズ

正解したものにチェックを入れておくと便利です！

チェック欄

☐ **Q1.** ヘロデ王が支配していたのは、ユダヤ地方である。（マタイ2章）　　　　　　　　　　　　　　　　　　　（答　　）

☐ **Q2.** イエスが「起き上がって床を担ぎ、家に帰りなさい」と言った相手は、王の役人の息子である。（マタイ9章ほか）　　　　　　　　　　　　　　　　　　　　　　　（答　　）

☐ **Q3.** ヨハネ福音書において、イエスが最初に奇跡をおこなった場所は、カナである。（ヨハネ2章）　　（答　　）

☐ **Q4.** 高い山においてイエスの姿が変わったとき、イエスの服は赤く輝いた。（マルコ9章ほか）　　　　　（答　　）

☐ **Q5.** ヨハネ福音書によれば、ラザロとマルタ、マリアは兄弟姉妹であった。（ヨハネ11章）　　　　　　（答　　）

☐ **Q6.** マルコ福音書において、十字架上のイエスを見て「本当に、この人は神の子だった」と告白したのは、律法学者であった。（マルコ15章）。　　　　　　　　　　　（答　　）

4択クイズ

チェック欄

□ **Q1.** ペトロの本名は？（ルカ6章ほか）　（答　　）

　①マルコ　②ヨハネ　③ヤコブ　④シモン

- -

□ **Q2.** 「子供たちのパンを取って○○にやってはいけない」。（マタイ15章）　（答　　）

　①小豚　②小犬　③小羊　④小山羊

- -

□ **Q3.** 「貧しい人々は、幸いである」という言葉が登場するのはどの福音書？　（答　　）

　①マタイ　②マルコ　③ルカ　④ヨハネ

- -

□ **Q4.** 共観福音書において、最初にイエスの弟子になった人の職業は？（マルコ1章ほか）　（答　　）

　①大工　②徴税人　③漁師　④律法学者

- -

□ **Q5.** イエスの十字架にかかっていた罪状書きに用いられなかった言葉は？（ヨハネ19章）　（答　　）

　①シリア語　②ヘブライ語　③ギリシア語　④ラテン語

- -

□ **Q6.** 「善いサマリア人のたとえ」で、サマリア人が宿屋に渡したのは？（ルカ10章）　（答　　）

　①レプトン銅貨4枚　　②シェケル銀貨3枚
　③デナリオン銀貨2枚　④ドラクメ銀貨5枚

- -

第1章 新約聖書の基礎知識

第2章 福音書①

第3章 福音書②

第4章 使徒言行録〜黙示録

答え

53

福音書②

穴埋めクイズ

チェック欄

☐ **Q1.** 「〇〇を欲しがる自分の子供に、石を与えるだろうか」。
（マタイ7章）

- -

☐ **Q2.** 「コラジン、お前は不幸だ。〇〇〇〇〇、お前は不幸だ」。（ルカ10章）

- -

☐ **Q3.** 「わたしの幼い娘が死にそうです」とイエスに訴え出た会堂長の名前は、〇〇〇。（マルコ5章ほか）

- -

☐ **Q4.** 復活したイエスがクレオパともうひとりの弟子に現われた場所の名前は、〇〇〇。（ルカ24章）

- -

☐ **Q5.** 「今の時代の者たちはよこしまだ。しるしを欲しがるが、〇〇のしるしのほかには、しるしは与えられない」。
（ルカ11章）

- -

スペシャルクイズ

チェック欄

山上の説教の教え

マタイ福音書5章には、「山上の説教（垂訓）」とよばれる教えが登場します。そこに出てくる内容になるように、数字とアルファベットを線でつなぎましょう。

心の清い人々　　　　　①　　　　　A　神の子と呼ばれる

平和を実現する人々　②　　　　　B　慰められる

悲しむ人々　　　　　③　　　　　C　地を受け継ぐ

柔和な人々　　　　　④　　　　　D　神を見る

55

福音書②

○×クイズ

正解したものにチェックを入れておくと便利です!

チェック欄

Q1. 洗礼者ヨハネは、サドカイ派の人々にも洗礼を授けていた。（マタイ 3 章） （答　　）

Q2. エリコでイエスがいやした盲人の名前は、バルティマイである。（マルコ 10 章） （答　　）

Q3. ルカ福音書において、十字架上で絶命するイエスが言った言葉は「成し遂げられた」であった。（ルカ 23 章）（答　　）

Q4. ヨハネ福音書において、十字架から降ろされたイエスのところに没薬と沈香をまぜた物を持ってやってきたのは、ニコデモである。（ヨハネ 19 章） （答　　）

Q5. 当時の貨幣価値において、レプトン銅貨 2 枚は、1 デナリオンに匹敵していた。（マルコ 12 章） （答　　）

Q6. イエスが十字架につけられたのは、金曜日である。（ヨハネ 19 章ほか） （答　　）

4択クイズ

チェック欄

□ **Q1.** 生まれたイエスを拝みにきた占星術の学者たちは、何人だった？（マタイ2章）　　　　　　　　（答　　　）

①ふたり　②3人　③4人　④わからない

□ **Q2.** イエスが百人隊長の僕をいやした場所は？（マタイ8章、ルカ7章）　　　　　　　　　　　（答　　　）

①カファルナウム　②サマリア　③ベトサイダ　④ティベリアス

□ **Q3.** イエスに注がれたナルドの香油は、少なくとも何デナリオンで売れたと考えられるか？（マルコ14章ほか）（答　　　）

①10デナリオン　②30デナリオン

④100デナリオン　④300デナリオン

□ **Q4.** マタイ福音書の山上の説教（5〜7章）で、イエスが禁じていることは？　　　　　　　　　（答　　　）

①嘘を言う　②敵を憎む　③誓いをたてる　④人を欺く

□ **Q5.** マルコ福音書6章において記されるイエスの兄弟の名前に含まれないのは？　　　　　　　（答　　　）

①ヤコブ　②シモン　③ヨハネ　④ユダ

□ **Q6.** ナザレは何地方にあった町？（マタイ21章ほか）（答　　　）

①ユダヤ地方　②ガラテヤ地方　③サマリア地方　④ガリラヤ地方

福音書②

穴埋めクイズ

チェック欄

□ **Q1.** イエスの弟子であるフィリポの出身地は、◯◯◯◯◯。（ヨハネ1章）

- -

□ **Q2.** 耳が聞こえず舌の回らない人に向かってイエスが言った、「開け」という意味のアラム語は、◯◯◯◯◯。（マルコ7章）

- -

□ **Q3.** イエスはペトロのことを「シモン・◯◯◯◯」という呼び方でも呼んだ。（マタイ16章）

- -

□ **Q4.** シリア・フェニキア出身の娘をイエスがいやした場所の名前は、◯◯◯◯地方。（マルコ7章）

- -

□ **Q5.** エルサレムの「羊の門」のそばにあった池は、ヘブライ語で◯◯◯◯と呼ばれていた。（ヨハネ5章）

スペシャルクイズ

チェック欄

☐

福音書に出てくる数字

以下の文章の◯にふさわしい数字を書き入れてみましょう。A〜Eの◯に入る数字をすべて足すと、いくつになるでしょうか？

（◯には、それぞれ算用数字が1文字入ります。例えば、③⑧となる場合は、3+8＝「11」ではなく、「38」として計算します）

A　イエスは生まれて◯日目に割礼を受けた。（ルカ2章）

B　「この神殿は建てるのに◯◯年もかかったのに、あなたは◯日で建て直すのか」。（ヨハネ2章）

C　「シモン・ペトロが舟に乗り込んで網を陸に引き上げると、◯◯◯匹もの大きな魚でいっぱいであった」。

（ヨハネ21章）

D　「……ほかの種は、良い土地に落ち、実を結んで、あるものは◯◯◯倍、あるものは◯◯倍、あるものは◯◯倍にもなった」。（マタイ13章）

答

59

福音書②

無差別級編

○×クイズ　正解したものにチェックを入れておくと便利です！

☐ **Q1.** 弟子であるトマスは、「ディディモ」とも呼ばれていた。
（ヨハネ11章ほか）　　　　　　　　　　　（答　　）

☐ **Q2.** 善いサマリア人の話に登場する「ある人」は、エルサレムからガリラヤに向かっていた。（ルカ10章）　（答　　）

☐ **Q3.** イエスがザアカイに会った町は、カファルナウムである。
（ルカ19章）　　　　　　　　　　　　　（答　　）

☐ **Q4.** ヨハネ福音書における、十字架上のイエスの最後の言葉は、「渇く」。（ヨハネ19章）　　　　　　　　　（答　　）

☐ **Q5.** イエスが荒れ野で悪魔から受けた3つの誘惑。福音書によって、誘惑の内容の順序がちがう。（マタイ4章、ルカ4章）　　　　　　　　　　　　　　　　（答　　）

☐ **Q6.** 十字架につけられることが決まったイエスに着せられた外套の色は赤であった、とマタイ福音書では述べられる。（マタイ27章）　　　　　　　　　　　　（答　　）

4択クイズ

チェック欄

□ **Q1.** 「ナルドの香油」の「ナルド」とは？　（答　　　）
　　①植物の名前　②所有主の名前　③地名　④店の名前

□ **Q2.** イエスの弟子にいた兄弟の組み合わせとして正しいのは？
　　　　　　　　　　　　　　　　　　　　　　　（答　　　）

　　①シモンとヨハネ　　②ヤコブとシモン
　　③アンデレとヨハネ　④ヤコブとヨハネ

□ **Q3.** 姦通の女性を目の前にして、イエスが地面に書いていたものは？（ヨハネ7章）　（答　　　）
　　①律法　②詩編　③十戒　④わからない

□ **Q4.** ペトロがイエスのことを「知らない（分からない）」と3度言ったあとに鳴いた動物は？（マタイ26章ほか）（答　　　）
　　①山羊　②鶏　③狼　④猫

□ **Q5.** イエスによる「新しい契約」に基づき、食べることが禁じられているものは？　（答　　　）
　　①うなぎ　②チョコレート　③豚肉　④特にない

□ **Q6.** イエスが荒れ野で過ごした日数は？（マタイ4章ほか）（答　　　）
　　①1週間　②20日　③40日　④半年

福音書②

無差別級編

穴埋めクイズ

Q1. イエスの十字架を無理やり担がされたキレネ人の名前は、◯◯◯である。（マタイ27章ほか）

Q2. 「金持ちが神の国に入るよりも、◯◯◯が針の穴を通る方がまだ易しい」。（マタイ19章）

Q3. イエスが逮捕される前に祈ったゲツセマネは、◯◯◯山にあった。（マルコ14章）

Q4. ヨハネ福音書において、洗礼者ヨハネはサリムの近くの◯◯◯◯という場所においても洗礼を授けていたとされる。（ヨハネ3章）

Q5. ルカ福音書において、イエスが昇天した場所は◯◯◯◯の辺りとされる。（ルカ24章）

スペシャルクイズ

☐ **共観福音書とヨハネ福音書、それぞれの受難物語**

　共観福音書（マタイ、マルコ、ルカ）の受難物語とヨハネ福音書の受難物語には少し異なる部分があります。表のＡ〜Ｈの欄にふさわしいものを、下の①〜⑩より選んで書き入れてみましょう。

	共観福音書	ヨハネ福音書
イエスが逮捕された後に連れていかれたのは？	A	B
イエスが十字架にかけられたのは何の日？	C	D
イエスの十字架の下には弟子や女性がいた？	E	F
亡くなったイエスを亜麻布（布）で包んだ人は？	G	H

①12人いた　②アンナスのところ　③過越祭当日

④アリマタヤのヨセフ　⑤おそらく誰もいない

⑥カイアファのところ　⑦アリマタヤのヨセフとニコデモ

⑧過越祭の準備の日　⑨ピラトのところ

⑩何人かいた　⑪週の初めの日

小テスト

チェック欄

☐ **Q1.** イエスが生まれたあと、天使がヨセフに逃げるように命じた場所は？

（答　　　　　　　　　　　　　　　　　　）

- -

☐ **Q2.** イエスが十字架につけられた曜日は？

（答　　　　　　　　　　　　　　　　　　）

- -

☐ **Q3.** 「貧しい人々は、幸いである」という言葉が登場する福音書は？

（答　　　　　　　　　　　　　　　　　　）

- -

☐ **Q4.** イエスが荒れ野で過ごした日数は？

（答　　　　　　　　　　　　　　　　　　）

- -

☐ **Q5.** イエスがシリア・フェニキア出身の娘をいやした場所は、何地方だった？

（答　　　　　　　　　　　　　　　　　　）

- -

第4章

使徒言行録〜
黙示録

この章では、使徒言行録、ローマの信徒への手紙、コリントの信徒への手紙一・二、ガラテヤの信徒への手紙、エフェソの信徒への手紙、フィリピの信徒への手紙、コロサイの信徒への手紙、テサロニケの信徒への手紙一・二、テモテへの手紙一・二、テトスへの手紙、フィレモンへの手紙、ヘブライ人への手紙、ヤコブの手紙、ペトロの手紙一・二、ヨハネの手紙一・二・三、ユダの手紙、ヨハネの黙示録について扱います。

使徒言行録〜黙示録

初級編

○×クイズ 正解したものにチェックを入れておくと便利です！

チェック欄

☐ **Q1.** パウロのヘブライ名は、サウルである。（使徒9章）
（答　）

☐ **Q2.** パウロが、アレオパゴスの真ん中で説教した町の名前は、コリントである。（使徒17章）
（答　）

☐ **Q3.** パウロは、ローマどころかイスパニア（スペイン）まで宣教旅行に行こうと計画していた。（ローマ15章）（答　）

☐ **Q4.** コロサイの信徒への手紙によれば、ルカの職業は医者であった。（コロサイ4章）
（答　）

☐ **Q5.** パウロたちがフィリピで出会った、紫布を商っていた女性の名前は、プリスカ。（使徒16章）。
（答　）

☐ **Q6.** ハルマゲドンとは「最後の戦い」という意味のヘブライ語である。（黙示録16章）
（答　）

4択クイズ

チェック欄

☐ **Q1.** イエスの昇天後、聖霊が一同に降ったのは、何の日だった？（使徒2章） （答　　）

①過越祭　②贖罪日　③仮庵祭　④五旬祭

- -

☐ **Q2.** パウロが人生の最後の日々を過ごした場所は？（使徒28章） （答　　）

①ローマ　②エジプト　③エルサレム　④ギリシア

- -

☐ **Q3.** パウロはどこの市民権を持っていた？（使徒16章ほか） （答　　）

①ローマ帝国　②エジプト　③アテネ　④アレクサンドリア

- -

☐ **Q4.** 「神の武具」にないものは？（エフェソ6章） （答　　）

①真理の帯　②信仰の盾　③律法の槍　④正義の胸当て

- -

☐ **Q5.** ヨハネ黙示録で御使いが災いを起こすのに使う楽器は？（黙示録8章以下） （答　　）

①ラッパ　②シンバル　③タンバリン　④竪琴

- -

☐ **Q6.** 人々に石を投げつけられるなか、「主よ、この罪を彼らに負わせないでください」と言って殉教した人の名前は？（使徒7章） （答　　）

①ヨハネ　②パウロ　③ステファノ　④ペトロ

- -

第4章 使徒言行録〜黙示録

初級編

穴埋めクイズ

チェック欄

□ **Q1.** 教会の最初のころは、ヘブライ語を話すユダヤ人と、〇〇〇〇語を話すユダヤ人とがいた。(使徒6章)

□ **Q2.** パウロは、〇〇〇職人もしていた。(使徒18章)

□ **Q3.** イスカリオテのユダの死後、使徒に選ばれた人の名前は〇〇〇〇。(使徒1章)

□ **Q4.** パウロは、ペトロのことを〇〇〇と呼んでいた。(Iコリント1章ほか)

□ **Q5.** イエスに出会ったあと、パウロが洗礼を受けた場所は、〇〇〇〇。(使徒9章)

スペシャルクイズ

書簡の書名に出てくる人名・地名

新約聖書の書簡の書名には、土地や人の名前が含まれています。以下の①〜⑩が人名であるか地名であるかを考えつつ、下の表に書き入れてみましょう。

---

①ローマ　②テモテ　③フィレモン　④フィリピ

⑤テサロニケ　⑥ユダ　⑦テトス　⑧ガラテヤ

⑨コリント　⑩ペトロ

人名	地名

69

使徒言行録〜黙示録

○×クイズ

正解したものにチェックを入れておくと便利です！

チェック欄

☐ **Q1.** フィレモンへの手紙において、フィレモンの奴隷であったとされる人の名前はオネシモである。　　　（答　　）

☐ **Q2.** フィリポが声をかけたときにエチオピア人の宦官が朗読していたのは、エレミヤ書であった。（使徒8章）（答　　）

☐ **Q3.** パウロの手紙によれば、パウロは独身であったらしい。（Ⅰコリント7章）　　　　　　　　　　　（答　　）

☐ **Q4.** ヨハネの手紙において、ヨハネは自らを「使徒」と名乗っている。（Ⅱヨハネ1節ほか）　　　　　　（答　　）

☐ **Q5.** ヤコブの手紙で、人間が制御しなければいけないと言われている体の部分は「舌」である。（ヤコブ3章）（答　　）

☐ **Q6.** 霊の結ぶ実は信仰である、とパウロは語る。（ガラテヤ5章）　　　　　　　　　　　　　　　　　　（答　　）

4択クイズ

チェック欄

□ **Q1.** イスカリオテのユダに代わる使徒を選ぶときに用いた方法は？（使徒1章）　（答　　）

①投票　②じゃんけん　③話し合い　④くじ

□ **Q2.** ペトロによって生き返った女性の呼び名（「かもしか」という意味）は？（使徒9章）　（答　　）

①タリタ　②タビタ　③タミコ　④タヒア

□ **Q3.** リストラの町の人は、パウロをどのように呼んだ？（使徒14章）　（答　　）

①ゼウス　②アルテミス　③アポロン　④ヘルメス

□ **Q4.** 苦難は忍耐を、忍耐は練達を、練達は何を生む？（ローマ5章）　（答　　）

①信仰　②希望　③愛　④平和

□ **Q5.** ヘブライ人への手紙では、イエスは何であると言われる？（ヘブライ4章）　（答　　）

①大祭司　②預言者　③律法学者　④百人隊長

□ **Q6.** 光に照らされ目が見えなくなったパウロのもとにゆき、その目をいやした人は？（使徒9章）　（答　　）

①ペトロ　②アナニア　③バルナバ　④イエス

第4章

使徒言行録〜黙示録

中級編

穴埋めクイズ

チェック欄

☐ **Q1.** サマリアの町において、「偉大な人物」と自称していた魔術師の名前は、〇〇〇。（使徒8章）

☐ **Q2.** 第2回宣教旅行のとき、パウロに同行した人の名前は、シラスと〇〇〇。（使徒16章）

☐ **Q3.** ヨハネが、ヨハネ黙示録に描かれる神の言葉をさずかった場所は、〇〇〇〇〇島。（黙示録1章）

☐ **Q4.** 長々と続くパウロの話に眠気を催し、眠りこけて3階の窓から落ちてしまった人の名前は、〇〇〇〇〇。（使徒20章）

☐ **Q5.** 「いつも喜んでいなさい。絶えず祈りなさい」という言葉がでてくるのは、テサロニケの信徒への手紙〇（＊数字）。

スペシャルクイズ

チェック欄
☐

□に入るのは、からだのどの部分？

以下の文章の□に入るのにふさわしい体の部分を、下の表から選んで書き入れてみましょう。

A 「わたしは今こんなに大きな字で、自分の □ であなたがたに書いています」。（ガラテヤ6章）

B 「大祭司アナニアは、パウロの近くに立っていた者たちに、彼の □ を打つように命じた」。（使徒23章）

C 「もし体全体が □ だったら、どこで聞きますか」。
（Ⅰコリント12章）

D 「彼らは □ を神とし、恥ずべきものを誇りとし、この世のことしか考えていません」。（フィリピ3章）

め 目	こし 腰	こころ 心	あし 足
はら 腹	て 手	みみ 耳	くち 口

73

使徒言行録〜黙示録

○×クイズ

正解したものにチェックを入れておくと便利です！

チェック欄

☐ **Q1.** バルナバは、キプロス島出身であった。(使徒4章)

(答　　　)

☐ **Q2.** エフェソの信徒への手紙6章21〜22節とコロサイの信徒への手紙4章7〜8節は、基本的に同じ内容が記されている。

(答　　　)

☐ **Q3.** ヤコブの手紙によれば、「福音の伴わない信仰」は役に立たないとされる。(ヤコブ2章)

(答　　　)

☐ **Q4.** パウロが足の不自由な人をいやした町の名前は、イコニオンである。(使徒14章)

(答　　　)

☐ **Q5.** 信仰とは、望んでいる事柄を確信し、見えない神の姿を確認することである、とヘブライ人への手紙は述べている。
(ヘブライ11章)

(答　　　)

☐ **Q6.** 「テトスへの手紙」が書かれた時点では、テトスはマルタ島にいることになっている。(テトス1章)

(答　　　)

4択クイズ

チェック欄

Q1. ヨハネ黙示録における「新しいエルサレム」の城壁の高さは約何メートル？（黙示録21章）　（答　　　）

①5メートル　②25メートル　③45メートル　④65メートル

Q2. ペトロがヤッファでみた幻に登場しなかったものは？（使徒10章）　（答　　　）

①海の魚　②獣　③地を這うもの　④空の鳥

Q3. エルサレムの使徒会議で話し合われた、重要なことは？（使徒15章）　（答　　　）

①安息日　②割礼　③復活　④十戒

Q4. 牢から救い出すとき、主の天使がつついたのはペトロのどの部分？（使徒12章）　（答　　　）

①頬　②背中　③わき腹　④太もも

Q5. アルテミス崇拝で有名であった町は？（使徒19章）（答　　　）

①テサロニケ　②エフェソ　③コリント　④アテネ

Q6. ヨハネ黙示録12章に登場する女が産んだ男の子は、何ですべての国民を治めることになっていた、と言われている？　（答　　　）

①金の杖　②鉄の杖　③炎の杖　④青銅の杖

使徒言行録〜黙示録

上級編

穴埋めクイズ

チェック欄

☐ **Q1.** 「◯◯◯の人イエス・キリストの名によって立ち上がり、歩きなさい」。（使徒3章）

☐ **Q2.** カイサリアにおり、「イタリア隊」と呼ばれる部隊の百人隊長であった人の名前は、◯◯◯◯◯◯◯。（使徒10章）

☐ **Q3.** 大飢饉やパウロが捕まることを預言した預言者は、◯◯◯。（使徒11章ほか）

☐ **Q4.** ローマに向かっていたパウロ一行を襲った暴風の名前は、◯◯◯◯◯◯◯。（使徒27章）

☐ **Q5.** コリント教会を発展させたアレクサンドリア生まれのユダヤ人雄弁家は、◯◯◯。（使徒18章ほか）

スペシャルクイズ

パウロの手紙の宛先はどこ？

コリント、ローマ、ガラテヤ……。パウロはさまざまな場所にいる人々に向けて手紙を書きました。以下の地図には、パウロの手紙の宛先が示されています。①〜③に、それぞれふさわしい地名を書き入れてみましょう。

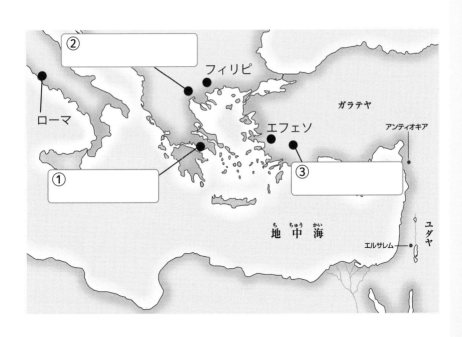

使徒言行録〜黙示録

無差別級編

○×クイズ

正解したものにチェックを入れておくと便利です！

チェック欄

☐ **Q1.** ヤコブの手紙は、迫害のなかにあるローマの兄弟たちに宛てられている。（ヤコブ1章）　　　　　（答　　）

☐ **Q2.** パウロの第1回宣教旅行は、アンティオキアからスタートした。（使徒13章）　　　　　（答　　）

☐ **Q3.** 乗っている船が難破したパウロ一行たちが漂流したのちにたどり着いた島は、クレタ島であった。（使徒28章）
　　　　　（答　　）

☐ **Q4.** ヘンデルが作曲した「メサイア」のハレルヤコーラスの歌詞は、ヨハネ黙示録からとられている。　　　　（答　　）

☐ **Q5.** パウロによれば、復活したイエスは、ケファ、12人、500人以上の兄弟たちに現れた。（Ⅰコリント15章）（答　　）

☐ **Q6.** パウロのアジア宣教は、遠く日本にも及んだ。
　　　　　（答　　）

4択クイズ

チェック欄

□ **Q1.** バルナバの本名は？（使徒4章） （答　　　）

①ヨセフ　②シモン　③ヨハネ　④ヤコブ

□ **Q2.** マルタ島でパウロの手に噛みついた生き物は？（使徒28章） （答　　　）

①犬　②ワニ　③まむし　④カニ

□ **Q3.** 第3回宣教旅行のとき、パウロは少なくともどのぐらいエフェソに滞在した？（使徒19章） （答　　　）

①2か月　②半年　③1年　④2年

□ **Q4.** パウロは、自分は生まれながらの何派であると言った？（使徒23章） （答　　　）

①ファリサイ派　②アナログ派　③サドカイ派　④ナザレ派

□ **Q5.** パウロの手紙にも出てくる慣用句は？（Ⅱテサロニケ3章） （答　　　）

①井の中の蛙　②働かざるもの食うべからず
③濡れ手で粟　④二階から目薬

□ **Q6.** ユダの手紙と内容がよく似ているのは？ （答　　　）
①ヨハネの手紙二　　②ペトロの手紙二
③ヘブライ人への手紙　④ヤコブの手紙

使徒言行録〜黙示録

無差別級編

穴埋めクイズ

チェック欄

☐ **Q1.** 土地を売った代金をごまかして使徒にささげたあと、ペトロの言葉によって死んでしまった人の名前は、◯◯◯◯。（使徒5章）

☐ **Q2.** 第2回宣教旅行のとき、パウロとシラスが投獄された町の名前は、◯◯◯◯◯。（使徒16章）

☐ **Q3.** 「主よ、来てください」を意味するアラム語は「◯◯◯・◯」。（Ⅰコリント16章）

☐ **Q4.** 「もはや、ユダヤ人もギリシア人もなく、奴隷も自由な身分の者もなく……」という言葉が登場するのは、◯◯◯◯の信徒への手紙である。

☐ **Q5.** 使徒言行録を書き、20章から「わたし」として自分も登場する人の名前は、◯◯である。（使徒1章ほか）

スペシャルクイズ

ヨハネ黙示録の7つの教会

ヨハネ黙示録には、7つの教会（エフェソ、スミルナ、ペルガモン、ティアティラ、サルディス、フィラデルフィア、ラオディキア）が登場します。以下の①〜③に、ふさわしい地名を書き入れてみましょう。

7つの教会はすべて、今のトルコ共和国の領土にあったんだよ！

ペルガモン

①

スミルナ　サルディス

②

ラオディキア

③

81

総合テスト
（そうごう）

チェック欄

☐ **Q1.** マリアがやがて身ごもることを彼女に告げた天使の名前
は？

（答　　　　　　　　　　　　　　）

- -

☐ **Q2.** ローマ帝国の属州であるマケドニア州の州都であったの
は？

（答　　　　　　　　　　　　　　）

- -

☐ **Q3.** イエスの昇天後、聖霊が一同に降ったときにおこなわれて
いた祭りは？

（答　　　　　　　　　　　　　　）

- -

☐ **Q4.** ゲツセマネの園があった山の名前は？

（答　　　　　　　　　　　　　　）

- -

☐ **Q5.** イエスが百人隊長の僕をいやした場所は？

（答　　　　　　　　　　　　　　）

- -

☐ **Q6.** イエスに出会ったあと、パウロが洗礼を受けた場所は？

（答　　　　　　　　　　　　　　　）

☐ **Q7.** パウロは、自分は生まれながらの何派であると言った？

（答　　　　　　　　　　　　　　　）

☐ **Q8.** 人々に石を投げつけられながら、「主よ、この罪を彼らに
負わせないでください」と言って殉教した人の名前は？

（答　　　　　　　　　　　　　　　）

☐ **Q9.** フィレモンの奴隷であったとされる人の名前は？

（答　　　　　　　　　　　　　　　）

☐ **Q10.**「主よ、来てください」を意味するアラム語は？

（答　　　　　　　　　　　　　　　）

どれぐらい
解(と)けたかな〜？

☐ **Q11.** イエスの裁判(さいばん)をおこなったユダヤ総督(そうとく)の名前(なまえ)は？

(答(こたえ)　　　　　　　　　　　　)

☐ **Q12.** ヨハネが、ヨハネ黙示録(もくしろく)に描(えが)かれる神(かみ)の言葉(ことば)をさずかった場所(ばしょ)は？

(答(こたえ)　　　　　　　　　　　　)

☐ **Q13.** ペトロと共(とも)にイエスの弟子(でし)になった兄弟(きょうだい)の名前(なまえ)は？

(答(こたえ)　　　　　　　　　　　　)

☐ **Q14.** イエスが5000人(にん)の人々(ひとびと)に食(た)べ物(もの)を与(あた)えるときに用(もち)いたのは、2匹(ひき)の魚(さかな)と何(なん)だった？

(答(こたえ)　　　　　　　　　　　　)

☐ **Q15.** パウロの話(はなし)に眠気(ねむけ)を催(もよお)し、眠(ねむ)りこけて3階(かい)の窓(まど)から落(お)ちてしまった人(ひと)の名前(なまえ)は？

(答(こたえ)　　　　　　　　　　　　)

84

答え

さあ、
どれぐらい解けたか
答え合わせ
してみましょう!

第 1 章

初級

〈○×クイズ〉Q1. ○ / Q2. ×（多くの人によって書かれた）/ Q3. ○ / Q4. ×（「新しい契約〔約束〕」を意味する）/ Q5. ×（十字架刑）/ Q6. ×（キリストは称号）
〈4択クイズ〉Q1. ② / Q2. ② / Q3. ① / Q4. ③ / Q5. ④ / Q6. ③

〈穴埋めクイズ〉Q1. ヨセフ / Q2. アルファ / Q3. エルサレム / Q4. マルコ / Q5. インマヌエル
〈スペシャルクイズ〉
ペトロによる福音書、パウロの黙示録、ガリラヤの信徒への手紙

中級

〈○×クイズ〉Q1. ×（ギリシア語）/ Q2. ○ / Q3. ×（共観福音書）/ Q4. ○ / Q5. ×（愛）/ Q6. ○
〈4択クイズ〉Q1. ④ / Q2. ④ / Q3. ② / Q4. ③ / Q5. ② / Q6. ③
〈穴埋めクイズ〉Q1. アッバ / Q2. ミカエル / Q3. キリスト /

Q4. ヤコブ / Q5. マタイ
〈スペシャルクイズ〉
ニコデモ（隠れているのは、ステファノ・イエス・テオフィロ・ヘロデ・マリア・ザカリア・マルタ）

上級

〈○×クイズ〉Q1. ×（ヨハネ福音書）/ Q2. ×（ファリサイ派に属していた）/ Q3. ○（ルカ 20:30）/ Q4. ○ / Q5. ○ / Q6. ×（サドカイ派）
〈4択クイズ〉Q1. ③ / Q2. ② / Q3. ③ / Q4. ② / Q5. ③ / Q6. ②

〈穴埋めクイズ〉Q1. ヘロデ / Q2. エフェソ / Q3. フェリクス / Q4. ガマリエル / Q5. マケドニア
〈スペシャルクイズ〉
C → A → E → B → D

無差別級

〈○×クイズ〉Q1. ○ / Q2. ×（日本正教会・ロシア正教会は順序が異なる）/ Q3. ○ / Q4. ○（「豚に真珠」はマタイ 7:6、「目からうろこ」は使徒 9:18）/ Q5. ○ / Q6. ×（トルコ共和国）
〈4択クイズ〉Q1. ④ / Q2. ③ / Q3. ① / Q4. ②（ヨハネ 13:36）/

Q5. ② / Q6. ③（約 100km）
〈穴埋めクイズ〉Q1. ベツレヘム（「ベツ（ト）」が家、「レヘム」がパンを意味）/ Q2. シルワノ / Q3. サンヘドリン / Q4. プネウマ / Q5. 5
〈スペシャルクイズ〉
①ー B、②ー D、③ー A、④ー C

第 2 章

初級

〈○×クイズ〉Q1. ○ / Q2. ×（ヨルダン川）/ Q3. ×（マルタ）/ Q4. ○ / Q5. ○ / Q6. ○
〈4択クイズ〉Q1. ② / Q2. ② / Q3. ① / Q4. ④ / Q5. ③ / Q6. ④
〈穴埋めクイズ〉Q1. 地（ち）/ Q2. エリヤ / Q3. ザカリア /

Q4.12 / Q5. ユダヤ
〈スペシャルクイズ〉
①ア、②エ、③ヨ

中級

〈○×クイズ〉Q1. ×（ベツレヘム）/ Q2. ×（神殿の垂れ幕が裂けた）/ Q3. ×（ヤコブとヨハネの母親）/ Q4. ×（亜麻布でつつまれた）/ Q5. ○ / Q6. ×（ティベリアス〔ガリラヤ〕湖）
〈4択クイズ〉Q1. ② / Q2. ③ / Q3. ④ / Q4. ③ / Q5. ② / Q6. ③

〈穴埋めクイズ〉Q1. テオフィロ / Q2. マタイ / Q3. アサリオン / Q4. ベルゼブル / Q5. マルコス
〈スペシャルクイズ〉
①ガリラヤ（ティベリアス・ゲネサレト）（湖）、②ナザレ、③ヨルダン（川）、④エルサレム

上級

〈○×クイズ〉Q1. ×（42代）/ Q2. ○ / Q3. ×（マリア〔マグダラのマリア〕）/ Q4. ○ / Q5. ×（「遣わされた者」という意味）/ Q6. ×（トマス）
〈4択クイズ〉Q1. ④ / Q2. ② / Q3. ③ / Q4. ④ / Q5. ① / Q6. ①

〈穴埋めクイズ〉Q1. ティベリウス / Q2. ニコデモ / Q3. ボアネルゲス / Q4. ナイン / Q5. ゴルゴタ
〈スペシャルクイズ〉
①ー C、②ー A、③ー B、④ー D

無差別級

〈○×クイズ〉Q1. ○ / Q2. ×（ヨハネ 12:35-36 から取られている）/ Q3. ○ / Q4. ×（日曜日）/ Q5. ○ / Q6. ×（ヨハネ福音書。マタイ・マルコ・ルカ福音書では複数の女性が赴いている）
〈4択クイズ〉Q1. ③ / Q2. ④ /

Q3. ② / Q4. ② / Q5. ② / Q6. ①
〈穴埋めクイズ〉Q1. ヤコブ / Q2. シメオン / Q3. ヘロディア / Q4. ぶどう / Q5. キドロン
〈スペシャルクイズ〉
らくだー D、牛ー C、犬ー E、鳩ー A、豚ー B

初級

〈○×クイズ〉Q1. ×（洗礼者ヨハネ）/ Q2. ○ / Q3. ×（弟）/ Q4. ○ / Q5. ×（30歳ごろ）/ Q6. ○
〈4択クイズ〉Q1. ④ / Q2. ④ / Q3. ① / Q4. ③ / Q5. ② / Q6. ②
〈穴埋めクイズ〉Q1. ガブリエル / Q2. 御名（みな）/ Q3. エルサレム / Q4. ピラト / Q5. シロアム
〈スペシャルクイズ〉
アンデレ、トマス、バルトロマイ

中級

〈○×クイズ〉Q1. ○ / Q2. ×（中風の人）/ Q3. ○ / Q4. ×（白く輝いた）/ Q5. ○ / Q6. ×（百人隊長）
〈4択クイズ〉Q1. ④ / Q2. ② / Q3. ③（ルカ6:20）/ Q4. ③ / Q5. ① / Q6. ③
〈穴埋めクイズ〉Q1. パン / Q2. ベトサイダ / Q3. ヤイロ / Q4. エマオ / Q5. ヨナ
〈スペシャルクイズ〉
①ー D、②ー A、③ー B、④ー C

上級

〈○×クイズ〉Q1. ○ / Q2. ○ / Q3. ×（「父よ、わたしの霊を御手にゆだねます」）/ Q4. ○ / Q5. ×（匹敵するのは、1クァドランス）/ Q6. ○
〈4択クイズ〉Q1. ④（聖書には記されていない）/ Q2. ① / Q3. ④ / Q4. ③ / Q5. ③ / Q6. ④
〈穴埋めクイズ〉Q1. ベトサイダ / Q2. エッファタ / Q3. バルヨナ / Q4. ティルス / Q5. ベトザタ
〈スペシャルクイズ〉
400（Aー 8 / Bー 46、3 / Cー 153 / Dー 100、60、30）

無差別級

〈○×クイズ〉Q1. ○ / Q2. ×（エリコ）/ Q3. ×（エリコ）/ Q4. ×（「成し遂げられた」）/ Q5. ○（マタイとルカでは、2つ目と3つ目の誘惑の順序が逆）/ Q6. ○
〈4択クイズ〉Q1. ① / Q2. ④ / Q3. ④（聖書には記されてない）/ Q4. ② / Q5. ④ / Q6. ③
〈穴埋めクイズ〉Q1. シモン / Q2. らくだ / Q3. オリーブ / Q4. アイノン / Q5. ベタニア
〈スペシャルクイズ〉
Aー ⑥、Bー ②、Cー ③、Dー ⑧、Eー ⑤、Fー ⑩、Gー ④、Hー ⑦

初級

〈○×クイズ〉Q1. ○ / Q2. ×（アテネ）/ Q3. ○ / Q4. ○ / Q5. ×（リディア）/ Q6. ×（地名）
〈4択クイズ〉Q1. ④ / Q2. ① / Q3. ① / Q4. ③ / Q5. ① / Q6. ③
〈穴埋めクイズ〉Q1. ギリシア / Q2. テント / Q3. マティア /

Q4. ケファ / Q5. ダマスコ
〈スペシャルクイズ〉
●人名…②③⑥⑦⑩
●地名…①④⑤⑧⑨

中級

〈○×クイズ〉Q1. ○ / Q2. ×（イザヤ書）/ Q3. ○ / Q4. ×（長老）/ Q5. ○ / Q6. ×（愛）
〈4択クイズ〉Q1. ④ / Q2. ② / Q3. ④ / Q4. ② / Q5. ① / Q6. ②
〈穴埋めクイズ〉Q1. シモン / Q2. テモテ / Q3. パトモス /

Q4. エウティコ / Q5. 一（1）
〈スペシャルクイズ〉
A 一手、B 一口、C 一目、D 一腹

上級

〈○×クイズ〉Q1. ○ / Q2. ○ / Q3. ×（行いの伴わない信仰）/ Q4. ×（リストラ）/ Q5. ×（見えない事実を確認する）/ Q6. ×（クレタ島）
〈4択クイズ〉Q1. ④ / Q2. ① / Q3. ② / Q4. ③ / Q5. ② / Q6. ②

〈穴埋めクイズ〉Q1. ナザレ / Q2. コルネリウス / Q3. アガボ / Q4. エウラキロン / Q5. アポロ
〈スペシャルクイズ〉
①一コリント、②一テサロニケ、③一コロサイ

無差別級

〈○×クイズ〉Q1. ×（離散している 12 部族）/ Q2. ○ / Q3. ×（マルタ島）/ Q4. ○（ヨハネ黙示録 11 章と 19 章）/ Q5. ○ / Q6. ×
〈4択クイズ〉Q1. ① / Q2. ③ / Q3. ④ / Q4. ① / Q5. ② / Q6. ②
〈穴埋めクイズ〉Q1. アナニア /

Q2. フィリピ / Q3. マラナ・タ / Q4. ガラテヤ / Q5. ルカ
〈スペシャルクイズ〉
①一ティアティラ、②一フィラデルフィア、③一エフェソ

第1章 小テスト

Q1. 土曜日

Q2. サドカイ派

Q3. 3日目

Q4. テサロニケの信徒への手紙一

Q5. アッバ

中間テスト

Q1. 27

Q2. マタイ福音書

Q3. ガリラヤ湖（ゲネサレト湖）

Q4. インマヌエル

Q5. ヘロデ

Q6. 主は救い

Q7. 過越祭

Q8. ヨハネ福音書

Q9. ニコデモ

Q10. 4

Q11. ファリサイ派

Q12. ナザレ

Q13. ベタニア

Q14. エリサベト

Q15. ゴルゴタ

第3章小テスト

Q1. エジプト

Q2. 金曜日

Q3. ルカ福音書

Q4. 40 日

Q5. ティルス地方

総合テスト

Q1. ガブリエル

Q2. テサロニケ

Q3. 五旬祭

Q4. オリーブ山

Q5. カファルナウム

Q6. ダマスコ

Q7. ファリサイ派

Q8. ステファノ

Q9. オネシモ

Q10. マラナ・タ

Q11. ピラト

Q12. パトモス島

Q13. アンデレ

Q14. 5 つのパン

Q15. エウティコ

あとがき

　クイズドリル、楽しんでいただけたでしょうか。なんなく解ける問題もあれば、聖書を開いて確かめないと答えがわからない問題もあったことと思います。「知っているつもりだったが、実はよく知らなかった」、「間違って思い込んでいた」と気づくことは大事です。そこからさらに理解が深まっていくのは、人間同士の関係でもそうですし、聖書と私たちの関係にも言えることでしょう。

　中には、まさしくトリビア的で、「それを知ってどうするのか？」と言いたくなるような問題もあったと思います。しかし、そういう細かい、本質的とは必ずしも言えないような部分を知ることで、聖書との距離が近く感じられるようになる、これもまた人間同士のつながりと相通ずるところです。新約聖書は遠い昔に、地中海世界を舞台として生み出された書物ですが、その時間的・空間的な距離を越えて私たちにも語りかけてきます。聖書についてよく知ることで、その声をより良く受け止めることがきっとできるはずです。

　クイズを解きながら、聖書を開いて答えを探したり確かめたりすることが何度もあったのではないでしょうか。そこに、聖書の言葉との新しい出会いが生まれたとしたら、望外の喜びです。

辻　学

監修：辻　学（つじ・まなぶ）

1964 年生。関西学院大学大学院神学研究科、ベルン大学等で学ぶ。現在、広島大学大学院人間社会科学研究科教授（新約聖書学）。
著書に、『隣人愛のはじまり』（新教出版社）、『新約聖書解釈の手引き』（共著、日本キリスト教団出版局）等。

辻 学 監修　　　　　　　　　　　　　　© 辻学 2021
新約聖書おもしろクイズドリル

2021 年 11 月 25日　　　初版発行

発行　　日本キリスト教団出版局
　　　　169-0051
　　　　東京都新宿区西早稲田 2 丁目 3 の 18
　　　　電話・営業 03（3204）0422
　　　　　　編集 03（3204）0424
　　　　https://bp-uccj.jp

印刷・製本　三秀舎
ISBN978-4-8184-1092-3 C0016　日キ販
Printed in Japan

聖書
福万広信 著
● A5 判／ 96 頁／ 880 円
キリスト教を初めて学ぶ方へ最適なテキスト。旧約や新約にのっている物語を分かりやすい言葉で丁寧にたどる。マメ知識や図版、地図を多く用いた、楽しい一冊。

聖書資料集　キリスト教との出会い
富田正樹 著
● B5 判／ 64 頁／ 880 円
聖書の世界が図解で理解でき、さらに現代とのつながりを意識させる。聖書を学ぶ上で大変役立つ資料を豊富に収録。教科書としてだけではなく、信徒の聖書研究にも最適。

そうか！なるほど！！キリスト教
荒瀬牧彦、松本敏之 監修
● A5 判／ 136 頁／ 1500 円
「新約聖書と旧約聖書って何が違うの？」「天国ってどこにあるんですか？」など、キリスト教に関する 50 の問いに、その道の専門家が〝本気で〟お答えします！キリスト教や聖書に興味がある方へおすすめ。

キリスト教入門　歴史・人物・文学
嶺重 淑 著
● A5 判／ 104 頁／ 1200 円
キリスト教の歴史、アウグスティヌスなどのキリスト者たち、ドストエフスキーなどの文学作品。キリスト教を学ぶ上で、これだけは知っておきたいという知識を、コンパクトに紹介。

キリスト教資料集
富田正樹 著
● B5 判／ 64 頁／ 1000 円
具体的なキリスト者の生涯や言葉、キリスト教がもたらした文化・芸術、社会活動といった現代社会とのつながりを、図解を交えながら解説。キリスト教入門テキストとしても最適。

あわせて読めば、聖書の世界が一望できる！

聖書人物おもしろ図鑑
新約編

監修者　中野実

編者　古賀博・真壁巌・吉岡康子

イラスト　金斗鉉

聖書の物語が図解で
わかりやすく！

四六判・並製・112ページ
1,500円＋税

複雑な人間関係も
ひと目で把握

クイズによって旧約聖書を知ろう！

旧約聖書おもしろクイズドリル

監修者　大島 力

☞「目には目を、歯には歯を」って、旧約聖書に出てくるの？？

☞ 子どもたちに『はげ頭』とからかわれた預言者は？

スペシャルクイズ

知ってるつもりで意外と知らない聖書！

楽しく学べる！
旧約聖書
おもしろクイズ
ドリル

監修者：大島 力

答えつき！

★「目には目を、歯には歯を」って旧約聖書に出てくるの？
★子どもたちに「はげ頭」とからかわれた預言者は？？

さあ、どれぐらい解けるかな？
実力試しに、レッツトライ！！

日本キリスト教団出版局

A5 判・並製・96 頁
1000 円＋税

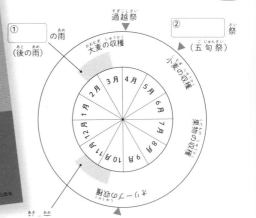

□ チェック欄
聖書に描かれる祭り・暦

聖書には、さまざまな祭りや季節の様子が記されて
③にふさわしい言葉を書き入れましょう。

過越祭（すぎこしさい）

① ____の雨（あめ）
（後の雨／あと・あめ）

② ____祭（さい）
（五旬祭／ごじゅんさい）

大麦の収穫（おおむぎ・しゅうかく）

小麦の収穫（こむぎ・しゅうかく）

果物の収穫（くだもの・しゅうかく）

オリーブの収穫（しゅうかく）

あき・あめ

□ **Q2.** 人々（ひとびと）が「天（てん）まで届（とど）く塔（とう）のある町（まち）を建（た）て、有名（ゆうめい）になろう」作（つく）ろうとした町（まち）の名前（なまえ）は、○○○。（創世記 11 章／そうせいき・しょう）

4択や○×、穴埋め、スペシャルの各種クイズ

イシュマエル人（じん）によってヨセフが連（つ）れて行（い）かれた国（くに）の名（な）は、○○○○。（創世記 37 章／そうせいき・しょう）

Q4. モーセの兄（あに）の名前（なまえ）は、○○○。（出エジプト記 7／しゅつ・き）

____導（みちび）いた人（ひと）の名____

自分のレベルにあわせて
いろんな種類のクイズをといてみよう！